LE TRANSFUGE

DRAME HISTORIQUE EN 3 ACTES ET 1 TABLEAU

LE
TRANSFUGE

DRAME HISTORIQUE

EN TROIS ACTES ET UN TABLEAU

PAR

Louis BOUDIN

HAVRE

IMPRIMERIE A.-G. LEMALE

3, RUE DE LA BOURSE, 3

1893

LE
TRANSFUGE

DRAME HISTORIQUE EN 3 ACTES ET 1 TABLEAU

PRÉCIS

Un motif d'ambition a poussé Henri V d'Angleterre à faire revivre des droits que plus d'un siècle a frappés de prescription. Jugeant la France affaiblie par les guerres civiles entre Bourguignons et Armagnacs, profitant de la démence du roi Charles VI, il envahit la Normandie, qui, vingt ans, resta au pouvoir de ses vainqueurs.

Premier siège. — Le 13 août 1415, une flotte anglaise de 1,600 voiles (?) et portant une armée de 30,000 combattants, vint atterrir dans les havres, fosses et baies de la côte normande. Harfleur, investi par terre et par mer, tint plus d'un mois en échec ces formidables troupes. Les assiégés, commandés par d'Estouteville, ne comptaient que quelques centaines d'hommes d'armes. Néanmoins, ce siège fut fatal au roi Henri qui y perdit un grand nombre de ses meilleurs officiers et soldats.

Les paroles de d'Estouteville renvoyant au roi les parlementaires sont dignes d'être conservées :

« Répondez à votre roi, que nous n'entendons pas pro-

« fiter de la grâce qu'il nous accorde en épargnant la
« ville. Elle est sous notre garde et nous la défendrons.
« Notre bon droit est le seul motif sur lequel s'appuie notre
« refus. En acceptant les conditions d'un ennemi, nous ne
« méritons que la pitié qu'on accorde à la faiblesse. En le
« combattant, s'il nous vainc, nous serons encore dignes
« de sa clémence. »

Mais retournons en arrière, et empruntons à Shakes-
peare cette image du départ de la flotte anglaise, qui
poétise les projets de l'ambitieux Henri V.

« .... O tâchez de penser que vous êtes sur le
« rivage et que vous contemplez une ville dansant sur les
« eaux — car, tel est le spectacle que présente cette flotte
« majestueuse dirigeant sa course vers Harfleur. Suivez-
« la... Suivez-la !... accrochez vos esprits aux timons de
« ces navires, et laissez là votre Angleterre silencieuse. »

(Henri V, drame.)

Le siège se poursuivit par des assauts répétés, mais
infructueux, qui changèrent l'ardeur belliqueuse du
monarque en férocité, lors de la reddition de la ville. Ne
pouvant vaincre par les armes, il eut recours à l'intimida-
tion, aux menaces de représailles :

« Que décide à cette heure le gouverneur de la ville ?
« Voici le dernier pourparler que nous accordons :

« Rendez-vous à notre merci, ou bien, défiez nos pires
rigueurs ! »

(Henri V, drame.)

Ne semble-t-il pas que le grand poète, avec cette intui-
tion du génie soit descendu dans l'âme de son héros.

L'attaque fut sans relâche et la défense héroïque

L'armée anglaise, campée dans la plaine marécageuse
de Leure, y subissait la fièvre paludéenne. Mais l'insuccès
de ses assauts furieux, où ses meilleures troupes étaient

engagées, porta le roi agresseur à l'exaspération. Laissons
encore le poète formuler une dernière sommation :

Le roi Henri.

« . . . . Si je recommence la canonnade, je ne
« laisserai pas Harfleur avant qu'elle ne soit ensevelie
« sous ses cendres.... Je fermerai toutes les portes de la
« clémence, et le soldat, ivre de carnage, aura, pour mas-
« sacrer, une latitude de conscience large comme l'enfer.

« . . . .

« . . . . . . Que m'importe, à moi, si vos vierges tombent
« sous les mains du viol ardent et brutal. Attendez-vous
« à voir vos enfants nus embrochés dans des piques,
« tandis que les mères folles briseront les nuages de leurs
« hurlements... »

(Henri V, drame.)

PERSONNAGES

DE VITANVAL, gentilhomme cauchois.

GROUCHY, d'Harfleur.

LECARNIER, chef des partisans cauchois.

VINOIS, transfuge, gouverneur d'Harfleur.

RENÉ, son fils.

SALOMON, le pilote.

RUPERT, fils du tavernier tombé au 1er siège, frère de lait de René.

ROBERT, jeune officier anglais.

ÉVA DE VITANVAL.

Dame CATHERINE, mère de Rupert et de Laurette.

LAURETTE.

UN CHAPELAIN.

OFFICIERS, SOLDATS, CONJURÉS, FEMMES, PIQUEURS ANGLAIS.

ACTE PREMIER

LA SOLITUDE DE VITANVAL

Une profonde voûte de verdure aboutit à une tourelle gothique. Cette tou-
relle, placée à droite, domine un sentier couvert par d'épaisses ramures.
Feuillage d'automne. La faible clarté des rayons indique le déclin du jour.
Dans cette solitude, Éva se promène pensive.

SCÈNE PREMIÈRE

ÉVA

Solitude où mon cœur vient goûter le silence,
Chaste passé, bonheur cher à mon indolence,
Je dois vous fuir, hélas !... Gazons, pelouse en fleurs,
Où j'ai, naïve enfant, bondi..., gardez mes pleurs.
Frais ombrage où j'aimais à rêver jeune fille...
Joie amère !... Oh ! couvrez mon front, sombre charmille !...

(Elle s'approche, écoute près du sentier.)

C'est l'heure où chaque soir j'entends son pas discret...

(Accords de luth dans le sentier.)

Solitude, silence !... Oh ! gardez mon secret !...

(Voix dans le sentier.)

A travers le feuillage,
  Nul bruit,
Partez plaintes d'amour,
Soupirs, craintif langage,
  Dis-lui
Mon tourment chaque jour.

Je gémis solitaire,
Tout dort,
Insensible êtes-vous ?
Réponds à ma prière !
Oh ! sort !
Pourquoi ce froid courroux ?

*
* *

Adieu, beauté cruelle,
Adieu ;
J'étouffe mes regrets.
Si ma plainte est mortelle,
Vers Dieu
Je retourne à jamais...

ÉVA (troublée, près du sentier).

D'un coupable dessein ne me fais pas complice ;
Parle ? qui donc es-tu, chanteur mystérieux ?

RENÉ (écartant les branches).

O délice !
Le rêve de mon cœur apparaît à mes yeux.

SCÈNE II

ÉVA, RENÉ (un manteau de ménestrel l'enveloppe).

ÉVA (avec fierté).

Ton audace m'offense !

RENÉ

Hélas ! mon chaste amour est ma seule défense.

ÉVA (avec dédain, s'éloignant un peu).

Bien folle est ta ferveur.
Si j'accorde à ton art l'estime et la faveur,
Du pauvre ménestrel de naissance commune
Je n'aime que les chants.

RENÉ (avec éclat, jetant son manteau).

Béni, jour de fortune !
Je porte un noble nom puissant et respecté ;
(Il fléchit le genou aux pieds d'Éva.)
Ce nom dans vingt combats avec orgueil cité,
Ce nom noble en honneur, noble autant qu'en vaillance,
Je le mets à vos pieds, noble fille de France.

ÉVA (froidement).

Accueillir votre hommage est vous faire un aveu
Que mon cœur se refuse.

RENÉ

Et si mon cœur le veut ?
Éva, si mon amour s'enfermait de mystère.
Me flattant d'être aimé, longtemps j'ai dû me taire...
Qui peut nous séparer... désormais ?... Ta fierté
Charme autant mes désirs que mes yeux ta beauté ;
Je t'aime mille fois de cet amour suprême
Qui voudrait sur ton front placer un diadème ;
Je t'aime... et n'attends plus, colombe au vert rameau,
Qu'un signe d'espérance, un regard, un seul mot.

ÉVA, contenue.

Avant, je dois connaître
Votre rang. — Votre nom est étranger, peut-être ?

RENÉ

Quel ombrage... ma voix n'a donc aucun pouvoir,
Éva, de vous fixer ?

ÉVA

J'écoute et dois prévoir.

RENÉ (récit).

A l'étranger j'ai pris naissance,
L'or éclate sur mon blason,
Mais je dédaigne l'opulence
Des miens, de ma noble Maison.

Dernier rejeton de ma race,
Je vais à qui sait me charmer ;
Je te vis... j'ai suivi ta trace,
Je viens à toi, je veux t'aimer.

* *

Jeune on me mit sous l'oriflamme ;
Au bruit, au fracas des combats,
On voulait aguerrir mon âme,
De fer charger mes faibles bras.
O trop lourdes sont ces armures !
Ce sang ! ces cris !... épouvanté,
Je m'enfuis... et sous les ramures
J'ai pris un luth et j'ai chanté.

(Après ce récit, Éva est allée écouter au fond
— Elle revient.)

ÉVA

Beau rêveur, ô gardez au front votre auréole,
Chansons d'amour, pitié, quand le cœur se désole.
Ne me poursuivez pas... partez, éloignez-vous.

(Elle veut s'éloigner, René la retient.)

RENÉ

Qui trouble cet instant si doux ?...
C'est en vain que tu veux me cacher tes alarmes,
Ton sourire est amer, mais tes yeux ont des larmes.
Qui te dispute à moi ? Qui donc fait ta douleur ?
Je suis noble !... mon père en la cité d'Harfleur
Gouverne... au nom du très puissant roi d'Angleterre.

ÉVA (avec un cri concentré, à elle-même).

Oh ! garde-toi, mon cœur !... enferme ce mystère !
Dévore cette injure ! O lâcheté des sens ?
Aimer son ennemi ! L'aimer... Ah ! je pressens
Que le fatal destin l'a conduit à sa perte.

RENÉ, *lui prenant la main.*

Éva, par mon aveu mon âme s'est ouverte.
Ma prière est un mot que j'attends à genoux.

(Son de cor dans le lointain.)

ÉVA, *qui a perçu, à part.*

Je tremble... la nuit vient ; (à René) partez, éloignez-vous !

RENÉ, *la retenant, avec tendresse.*

Non. — Laisse-moi goûter ces célestes prémisses,
Ton chaste et doux regard, Dieu le créa pour moi ;
Ne me repousse pas, mon cœur plein de délices,
        Déborde, et n'aspire qu'à toi.

ÉVA, *cherchant à se dégager.*

Ne me retenez plus... souffrez que je m'éloigne.

RENÉ

Éva... qu'exiges-tu que mon amour témoigne ?
J'ai souffert... je n'osais, étranger, inconnu,
M'élever jusqu'à toi, — mais mon cœur contenu
A l'appel de ta voix, cette voix qui caresse,
En a goûté le charme... O charme de l'ivresse !...
Et tu voudrais me fuir déjà sans me laisser
Ce gage, un mot d'espoir que rien ne peut briser.
Ne me fuis pas... Oh ! viens ! crains-tu la nuit profonde ?
Par nos bras enlacés que l'ombre nous confonde,
Où sous l'astre dorant ton front chaste, béni,
Ma lèvre des contours en goûte l'infini.
Viens !... l'amour est la vie, et l'amour est notre âme,
Ame qui se transmet dans un transport de flamme.
N'as-tu pas emprunté — la fiction le dit —
Ton corps à notre corps, peuplant le paradis
D'êtres nés de ta chair. Femme, n'es-tu pas celle
Qui nous en fit chasser ? — La première étincelle
Vint de toi, de tes yeux, de ton premier baiser...
Et tu voudrais me fuir !...

ÉVA, à part.

Fuir et le mépriser !
O lâcheté des sens ! O ma haine, demeure !...

RENÉ

Ou me rendre insensé, sans âme, et que je meure...
Dis un mot, un seul mot... adoucis ta rigueur,
Allège mon esprit du doute de mon cœur...

ÉVA, ferme.

Je ne puis.

RENÉ

Quel obstacle s'oppose ?

ÉVA

Mon devoir est sacré, par lui ma bouche est close.

(Pause. — Son du cor plus rapproché. Éva écoute avec inquiétude. —
René, qui s'est reculé après la déclaration d'Éva, revient à elle
vivement et lui saisit la main.)

RENÉ

Ce secret qu'en tremblant tu voudrais me cacher,
Dût-il m'être fatal, et ma vie arracher,
Je le veux !... Ton secret a grandi mon audace ;
Ton secret, dis ?...

ÉVA, détournant son regard.

Ah ! que n'es-tu d'une autre race !

RENÉ

Reproche amer... maudit !
Qu'importe à notre amour...

ÉVA

Un serment l'interdit.

RENÉ

Ce serment n'est qu'un cri de rage ou qu'un blasphème.

ÉVA

Un cri qui sur les tiens a jeté l'anathème.

RENÉ, avec abattement.

Ainsi de tous ces maux dont je suis innocent...

ÉVA

Le crime se transmet et mon cœur le ressent.

RENÉ

Tu me hais.

ÉVA

Non, je n'ai nulle haine
Contre toi. Mais des tiens tu dois porter la peine.

RENÉ, après un silence.

Malgré l'arrêt cruel... par le choc étourdi,
Mon cœur n'est pas touché, car mon amour grandit.

ÉVA, qui s'est éloignée, revenant.

Ah ! ne crois pas flatter d'un sentiment vulgaire
Mon cœur... quand tes pareils d'une exécrable guerre
Ont frappé mon pays, sans pitié, sans merci...
Régnant par la terreur et par le meurtre, ici.
. . . .
Et moi, femme, j'irais, moi, noble demoiselle,
Me livrer sur un sol où tant de sang ruisselle ?
Absoudre et partager tous ces cruels forfaits
En attachant mon nom à celui d'un Anglais !

RENÉ

Ta bouche a prononcé le serment ?

ÉVA

Sur ma vie.

RENÉ

Mais tu mens à ton cœur !

ÉVA, avec fierté.

Mon cœur m'a-t-il trahie ?

RENÉ, après une pause.

Oh ! quel cruel mépris... redouble ta rigueur
Si ma vie est utile, arrache aussi mon cœur,
Paralyse mes sens !... mais sache te convaincre
Que la mort seule aura le pouvoir de me vaincre.

(Son du cor très rapproché.)

ÉVA, avec épouvante.

René !
Oh ! fuis ! dans un instant ce lieu sera cerné.

RENÉ

Cet appel dans la nuit, c'est un signal rebelle...

ÉVA

C'est le danger... Oh ! fuis !

RENÉ, amer.

Ta bouche le révèle.
Si tu m'avais aimé, je saurais obéir.

ÉVA

Je t'ai dit mon serment !

RENÉ

Fuir, serait m'avilir.
Désormais qu'est ma vie ?... insensible à ma peine,
Qui te retient ici ? — Que t'importe mon sort ;
Tu veux me préserver des tiens... Ah ! de leur haine
J'oserai devant toi mépriser le transport.

(Défiant ses ennemis.)

Venez, traîtres, félons, que votre œuvre s'achève,
Meurtriers, bras vénaux que le crime ennoblit,
Mon cœur est là... frappez !... frappez-le. Sous le glaive
Ni mon cœur ne s'émeut, ni mon front ne pâlit.

ÉVA

René ! René ! maintenant je supplie !

RENÉ

Garde donc ta fierté, puisque rien ne nous lie ;
Ton cœur apitoyé n'est pas un cœur aimant ;
Livre ton ennemi, dédaigne ton amant.

ÉVA, l'entraînant, avec énergie.

Par ce sentier perdu l'ombre sera propice...

RENÉ, la repoussant.

Non. — En me dérobant, je me fais ton complice.

ÉVA, tordue par la supplication.

A mon tour d'implorer... Ne brave pas leurs coups...
Fuis... échappe à leurs mains, leur haine est implacable.

RENÉ, ébranlé.

Est-ce un rival heureux ?... Est-ce un père en courroux ?
Dis un mot... mon destin sera moins misérable.

ÉVA, l'enveloppant de ses bras.

Oh ! fuis, René !... René, je t'en conjure...

RENÉ, avec tendresse.

Tu veux donc me sauver... tu m'aimes ?

ÉVA, avec transport.

Je le jure !
(Elle s'échappe.)

RENÉ, avec éclat.

Elle m'aime !... Et son cri suppliant, anxieux,
A fait frémir sa lèvre en humectant ses yeux,
Éva ? Éva ?
(Il jette ce cri comme un appel. — Dans le sentier, bruit confus
d'armes heurtées.)
Ce bruit incohérent, sauvage,
Du danger qu'elle fuit serait-il le présage ?
. . . .

Dans le sentier j'entends des pas...
Oh ! ton secret maudit ne m'échappera pas.

(Il entre et disparaît dans la tourelle.)

SCÈNE III

DE VITANVAL, GROUCHY, LECARNIER, SALOMON, RUPERT

De Vitanval et Lecarnier, entrent par la gauche. Le premier porte
le costume des nobles cauchois. Le second, l'accoutrement guerrier
d'un chef de partisans.

Au moment où paraissent ces deux personnages, les trois autres
compagnons escaladent le sentier.

De Vitanval se porte vivement au-devant de Grouchy qu'il embrasse
avec effusion ; puis il présente Grouchy à Lecarnier.

LECARNIER, reconnaissant Grouchy.

Grouchy d'Harfleur !

(Ils se serrent les mains.)

GROUCHY

Lecarnier !... Mon frère... mon sauveur !

LECARNIER, se tournant vers Salomon.

Salomon !... la douleur, la rage, la misère,
Ont blanchi tes cheveux ; reprends courage, espère.

GROUCHY, présente Rupert.

Rupert, le fils du tavernier martyr.

LECARNIER, à Rupert.

Ah ! j'ai connu ton père et je l'ai vu mourir,
Penché sur ton berceau, sur ton front qu'il embrasse,
Qu'il rougit de son sang...

RUPERT, avec un feu sombre.

J'en ai gardé la trace.

LECARNIER

Pour le venger, enfant, ton cœur s'est avivé
Courage, sois vaillant, le jour est arrivé.

(Ils se groupent, le demi-cercle des conjurés enfermant de Vitanval
au centre.)

DE VITANVAL

Vous tous qu'un saint devoir au rendez-vous amène,
Frères et compagnons, un serment nous unit.
Dieu qui toucha nos fronts commande à notre haine
De frapper le forfait trop longtemps impuni.

(Assentiment des conjurés.)
(DE VITANVAL se découvrant. — Invocation.)

Nos projets, ô Seigneur, ne sont pas ténébreux ;
Tu sais nos maux, tu vois notre juste colère ;
      C'est vers ta bonté tutélaire
      Que nos cœurs élèvent leurs vœux.

(Tous se découvrent et s'inclinent.)

Que l'accolade sainte en unissant nos âmes,
Redouble notre ardeur, que l'espoir nous enflamme !

(Ils se donnent l'accolade. — Puis Vitanval tire son épée qu'il tient tendue.)

      Jurons... sur ce fer consacré,
De reprendre nos droits au prix de notre vie.

(Les conjurés étendent la main sur l'épée.)

Nous jurons de mourir... holocauste sacré,
Pour l'honneur, le devoir, le peuple et la patrie !

RENÉ, à part, sans se découvrir.

Grand Dieu ! contre les miens ces criminels complots ?

LECARNIER

A quand nos longs projets médités, — ma présence ?

GROUCHY

Demain. — Dès que la nuit aura couvert les flots,
Une barque, par lui (montrant Salomon) conduite avec prudence,
Atterrira soudain où de vastes réduits
Alimentent, pourvoient la flotte de Clarence...
Ce butin, ces trésors, il faut qu'ils soient détruits...

(Lecarnier fait un signe d'assentiment.)

Tandis que l'incendie impétueux ravage,
Aux sinistres appels des gardes du dehors,
La garnison d'Harfleur hors la ville s'engage,
Espérant opposer au fléau ses efforts.

C'est le moment à vous... Cauchois, hors la broussaille !
Hors des marais fangeux, avec ce cri : bataille !
Vous portez dans leurs rangs l'épouvante et la mort.

LECARNIER

Ainsi soit résolu.

RENÉ (se glissant hors de la tourelle).

Vos projets homicides
Se tournent contre vous, traites, félons, perfides...
(Il disparaît dans le sentier.)
(Cris au dehors.)

Trahison ! Trahison !

DE VITANVAL

Qui donc ose trahir, couvert par mon blason ?

LECARNIER (à Rupert qui s'est porté au fond).

Quel péril nous menace ?

RUPERT

Un traitre dont la mort va payer son audace.
(Bruits confus. — René, éperdu, revient en scène, poursuivi par
les piques des paysans.)

SCÈNE IV

LES MÊMES. — PAYSANS ARMÉS

RUPERT, reconnaissant René.

Le fils du gouverneur !

LES CAUCHOIS

Mort ! mort à l'oppresseur !

LECARNIER (saisit René, le force à s'agenouiller).

Confesse-le ton crime ?

RENÉ

D'un funeste hasard je deviens la victime.
Seul, sans arme, égaré, rêvant par les chemins...

LES CAUCHOIS

Pas de pitié !

LECARNIER

Sa vie est en vos mains.
Décidez !

LES CAUCHOIS

Qu'il meure !

LECARNIER

C'est votre droit.

LES CAUCHOIS

Sur l'heure.

LECARNIER

Quelle main frappera !

TOUS

Rupert !

LECARNIER (met sa dague aux mains de Rupert).

Justicier, au devoir... ma dague servira
          (Tous s'écartent. — Rupert s'approche.

RENÉ (à Rupert qui n'ose le fixer).

Dans un même berceau, frère de mon enfance,
Ta mère m'allaita... ma vie est sans offense,
          Et tu me frapperais?...

RUPERT (sombre).

Le sort m'a désigné, j'accomplis ses décrets.

RENÉ (agenouillé, prière).

O Dieu, reçois mon âme innocente... mon âme
Qui ne savait qu'aimer et pleurer sur l'infâme.
Ame que vous avez faite — précieux don —
Digne de vous, Seigneur. — Je viens — pour eux, pardon.

LES CAUCHOIS (cris).

Pas de pitié !

LECARNIER (à Rupert qui hésite).

Frappe... n'hésite plus... leurs cris le réitère.

RENÉ (présentant sa poitrine à Rupert).

Dieu t'absolve, Caïn !

RUPERT (la dague levée).

Va, confie à la terre
Ton secret ! (cri de femme.)
(Éva s'élance et enveloppe René de ses bras. — Rupert recule. —
Stupeur générale.)

SCÈNE V

LES MÊMES. — ÉVA

ÉVA (à Rupert).

Cruel ! cœur farouche
Qu'innocence, pitié, faiblesse, rien ne touche,
Sur mon sein viens frapper mon amant, mon époux.

DE VITANVAL (avec égarement).

Ma fille ! Est-ce bien elle !... O mes yeux fermez-vous...
(Murmures.)

GROUCHY (à ses compagnons).

Partageons son malheur.
L'ingrate à sa vieillesse n'apporte que douleur.

DE VITANVAL (malédiction).

Intercéder pour lui, c'est partager son crime,
Enfant maudite ! Ah ! puisse un noir abîme
Sous tes pieds s'entr'ouvrir
Et vivants, tous les deux vous engloutir !
(Pause. — Les conjurés parlent bas entre eux.)

DE VITANVAL

Au déclin de ma vie,
Seigneur, ne m'abandonne pas ;
Si mon cœur est brisé, n'affaiblis pas mon bras...
O mon dernier effort, c'est pour toi, ma patrie.

(Se tournant vers ses vassaux armés.)

Compagnons, en vos mains j'abandonne leur sort,
En moi plus de pitié ! c'est l'oubli, c'est la mort !
Mais qu'à jamais plongés dans l'épaisse ténèbre
Leur union maudite en l'horreur se célèbre.

(René et Éva enlacés. — Chant du cygne.)

ÉVA, exaltée.

Dans cette douce étreinte,
Inaccessible à la crainte,
Souriant, lève les yeux...
Vois, mon bien-aimé, les cieux.

RENÉ

Partons vers l'éternelle voûte
Nos âmes détachées sur la céleste route
Chastes, vont s'offrir à Dieu.

(Ensemble.)

O terre ! sans regret, adieu !
Adieu !

(Les vassaux s'approchent et saisissent les deux amants.)

DEUXIÈME ACTE

HARFLEUR !

Au premier plan à gauche le préau de la taverne de dame Catherine. — Le
logis au fond. — A droite, au-dessus des pignons, se profile le clocher den-
telé de Saint-Martin. Un pan coupé de rempart laisse apercevoir l'une des
portes de la ville où mène un pont-levis au-dessus de la Lézarde. Au fron-
ton de la porte : Armoiries. — *D'azur à une nef, à château devant et derrière,
voguant sur une mer ondée d'argent.*
Au pied du mur d'enceinte, des habitants misérablement vêtus sont astreints,
sous la conduite de piqueurs anglais, à un travail de terrassement. Usten-
siles, pelles, pioches, brouettes.
C'est l'heure du repos ; des femmes apportent aux travailleurs leur aliment,
un morceau de pain noir que ceux-ci dévorent d'un air sombre.
La scène, coupée en deux, est séparée par le clayonnage du préau de la
taverne.
Tableau d'opposition. — Tout à la gauche, tonnelles normandes avec tables.
Au milieu du préau, grande table où Robert, jeune officier anglais, est assis
et vide un cruchon de vin.
Un peu en deçà de la taverne, Laurette se tient assise auprès d'un escabeau
sur lequel sont des fleurs naturelles dont elle orne un chaperon. — Tout
en buvant, Robert l'observe.

SCÈNE PREMIÈRE

ROBERT, LAURETTE, HABITANTS, FEMMES, PIQUEURS

(Les deux piqueurs qui conversaient au fond, l'un avec des gestes,
l'autre l'écoutant avec une muette attention, viennent à la rampe.)

1er PIQUEUR

Voilà ce qu'apportait — message d'Angleterre,
Le vaisseau que tu vois mouillé là, près de terre
La mort de notre duc...

          Ce fatal dénouement,
On l'a tenu secret, redoutant le moment
Où le pays conquis, par des retours d'audace
Tenterait quelque coup hardi contre la place...

2ᵉ PIQUEUR

Ainsi, c'est avéré... le roi-régent est mort...
C'était un fier soldat, notre duc de Bedfort.
On lira ses hauts faits plus tard dans le grimoire.
Mais, moi, je l'ai toujours présent à la mémoire ;
Je l'ai vu de mes yeux, au combat d'Azincourt,
Faisant large trouée en morts dans son entour.
Il tournoyait, frappant et d'estoc et de taille,
Franc sur ses étriers... Ah ! la rude bataille !
La mêlée obstruait, qu'auraient pu les canons...
Anglais, Français croisaient oriflammes, pennons.
On luttait corps à corps, tout entiers au carnage.
Les yeux saillaient, gonflés, pleins de sang et de rage ;
Les blessés, les vaincus le faisaient payer cher,
Se traînant cramponnés, ils nous mordaient la chair...
Ah ! le rude combat ! La noblesse de France
Laissa plus d'une veuve et fief en déshérence...
Je vois encor l'un d'eux, renversé sur l'arçon,
Criant qu'on l'épargnât : « d'Alençon d'Alençon ! »
Ah ! pour lui le moment, c'était mauvaise passe.
« Chien enragé tu mords et tu demandes grâce ! »
Malgré son casque d'or et l'épais bassinet,
La masse aux clous d'acier le foudroya tout net.

1ᵉʳ PIQUEUR

Ce jour-là, nous avions, Anglais, la bonne manche,
Mais depuis, les Français préparent la revanche,
Et la rébellion grandit en partisans.
Lecarnier a, dit-on, mieux que ses paysans
Pour venir attaquer Harfleur, même on lui prête
L'appui du roi de France.

2ᵉ PIQUEUR

           Çà, mordieu, je t'arrête...
La peur t'émeut déjà ; qui te fait présager
Qu'un troupeau de manants viendrait nous assiéger ?
Qu'ont-ils à présenter, hors leur poitrine nue,
Où la pique entrerait tout droit...

1er PIQUEUR, riant.

Et bien venue.

2e PIQUEUR

A moins que préférant hâter leur triste fin,
Tenaillés de misère, affolés par la faim,
Ils viennent s'embrocher d'eux-mêmes.

(Il rit bruyamment.)

1er PIQUEUR

Faribole !
C'est traiter plaisamment les choses !...

2e PIQUEUR

Ma parole !
Te voilà déjà mort !... Sont-ce ces fainéants

(Il montre les habitants.)

Qui te font peur ?

1er PIQUEUR

Eh ! le cas échéant,
S'ils pouvaient se venger. J'en ai mauvais augure...
Ils opinent entre eux. Vois leur sombre figure !

2e PIQUEUR, moqueur.

N'as-tu pas ton bâton ! (allant aux habitants qu'il interpelle)
Encor quelque complot ?
C'est assez jaboté, qu'on se sépare et tôt.

(Il écarte et repousse les femmes qui s'éloignent sans protester, sauf
l'une.)

UNE HABITANTE, aux autres femmes en s'éloignant.

Ils traitent nos maris tels que bêtes de somme ;
Qu'ils prennent garde... un jour, ils trouveront des hommes.

2e PIQUEUR, riant.

La commère, elle a de l'à-propos.

1er PIQUEUR, à son groupe qu'il touche de son bâton

C'est assez de repos.

(Les habitants reprennent leurs outils et sortent lentement
en murmurant.)

2º PIQUEUR, à son groupe.

Vous autres, prestement, au pied de la muraille ;
Empierrez le chemin, affermissez le sol.

1ᵉʳ PIQUEUR, poussant les travailleurs.

Si j'entends qu'entre vous on murmure ou qu'on raille
Je vous fais fustiger du talon jusqu'au col.

(Sortie.)

SCÈNE II

ROBERT, LAURETTE

LAURETTE, à Robert qui l'examine.

Est-ce par intérêt pour mon chétif talent,
Que vous me regardez avec cet air dolent ;
Vous riez en-dessous, je viens de le surprendre.

ROBERT, gaiement.

Sourire n'est pas rire.

LAURETTE

          A moins de me méprendre,
J'ai vu sur votre lèvre un certain pli railleur.

ROBERT

Votre esprit est charmant, mais est-il batailleur !...
Quand je ne vous dis rien, semble-t-il que je boude ?

LAURETTE

Non, mais vous êtes là, posté sur votre coude,
Me guignant. Vous trouvez mon travail enfantin,
Puéril, d'orner de fleurs mon chapel de satin.

ROBERT, un peu moqueur.

A quelle intention ?

LAURETTE, levée, esquissant une révérence.
          A celle de me plaire.

ROBERT, gaiement, s'approchant.

J'allais être jaloux...

LAURETTE, tout en arrangeant son chaperon

Et dans votre colère
M'adresser de ces mots qu'on lance vertement.
(Adoucie). N'ayez crainte, Robert (se coiffant) ; le trouvez-vous
[charmant ?

ROBERT

Ce chaperon vous sied, oui, fort bien, ma gentille,
Et convient à vos traits bien mieux qu'une coquille (1).

LAURETTE

Vous ne me trompez pas ?

ROBERT

Trompe-t-on ceux qu'on aime !
(Prenant un rameau.)

J'en appelle à ces fleurs d'ellébore — un emblème —
Ayant sur la folie un pouvoir (riant). Or, l'amour
Est un peu la folie.

LAURETTE, lui prenant la fleur.

Oh ! le vilain détour...
Je vais l'interroger... et si par son présage
Vous êtes confondu...

ROBERT

La fleur sera plus sage.

LAURETTE, agitant la fleur.

Ellébore, est-ce vrai ?... Je crois qu'elle a parlé.

ROBERT, riant.

Un geste improbatif. Votre main a tremblé.
Mais la fleur sans parfum est une fleur muette
Qui n'a pas sur les sens de notion bien nette.

(1) Coiffure de l'époque.

LAURETTE

Renouvelons l'épreuve et, surtout, promettez
D'être de bonne foi.

ROBERT riant.

Laurette, n'en doutez...
Ce n'est que jeu d'enfant.

LAURETTE, avec conviction.

La fleur a son langage :
J'y crois très fermement.

ROBERT

Allons, je tiens le gage.

LAURETTE, interrogeant la fleur.

Trompe-t-on ceux qu'on aime ?... Elle a répondu : oui !

ROBERT

Elle a répondu : non.

LAURETTE, dépitée.

Oh ! mais, c'est inouï
Que j'aurai toujours tort !... Tenez, je vous déteste !
     (Elle boude, puis revient vite.)
Je vous l'ai déjà dit, s'il faut qu'on me conteste
Mon vouloir et mes droits, mes caprices, mes goûts,
Je reprends ma parole et ne veux plus de vous.
     (Changeant de ton.)
Sans doute vous m'aimez, je le sais, mais Laurette
N'obéira jamais menée à la baguette.
     (Elle reboude.)

ROBERT, riant.

Les femmes... c'est étrange, elles ont un défi
Qu'on n'ose pas braver.

LAURETTE, fâchée.

Bien, c'est assez, suffit !
(Elle reste un moment immobile, lui tournant le dos, puis
tout à coup, elle jette au loin son chaperon.)

ROBERT, allant le relever.

Quelque nouveau dépit trouble sa jeune tête.
(Il lui présente le chaperon qu'elle repousse.)

LAURETTE

Je suis folle... à quoi bon me parer ?... Quelle fête
Se donne ici ?... jamais !... J'ignore le plaisir :
Il existe pourtant...

ROBERT, à part.

C'est un vague désir.
(Doucement à Laurette.)

Le plaisir, c'est d'aimer. En serait-il un autre
Plus flatteur ?... Être ensemble — et toujours, c'est le nôtre.
L'amour tient lieu de tout. — Hors du monde, pour lui,
C'est le rayon que rien n'éteint, qui toujours luit :
Qui réveille les sens comme ferait l'aurore
Après un long sommeil. — Qui n'aime, ni n'adore
Ne sait rien de la vie après avoir vécu.

LAURETTE

Ces mots touchent mon cœur sans l'avoir convaincu...
Tenez, moi, je voudrais, comme l'oiseau qui passe
Vivre de liberté, — l'ennui me prend, me lasse,
Devant ces hauts remparts qui cachent l'horizon,
Dans ce préau restreint, image de prison,
Où des soldats brutaux se pavanent sans cesse,
Insipides, méchants, quand leur monte l'ivresse ;
Oui, je voudrais m'enfuir, n'importe où, mais ailleurs,
Où je n'entendrais plus ces grossiers batailleurs
Deviser de combats, d'assauts, de représailles...
Oh ! que le ciel m'entende et jette ces murailles
Au fond de leurs fossés !...

ROBERT, un peu interloqué.

Le ciel ne peut fléchir.

LAURETTE

Ne viendra-t-il jamais ce jour de les franchir ?

ROBERT, piqué.

Que la sédition mette donc bas les armes.

LAURETTE

C'est vous qui du pays prolongez les alarmes.
Sans vous on y serait heureux, j'en suis garant...
Quel droit y avez-vous ?

ROBERT, froissé, avec fierté.

Le droit du conquérant

LAURETTE

C'est une triste chance.
Pour l'assaillir ainsi, que vous a fait la France ?

ROBERT, après un moment de stupeur.

Laurette ! ma Laurette !... où votre cœur s'est-il
Inspiré cet élan ? — Et quel esprit subtil ?...
Allant jusqu'à fronder... jusqu'à m'outrager même !...
S'il est un dur reproche à celui qui vous aime
C'est de l'associer à vos cruels mépris...
Hors la guerre, à vos maux, quelle part ai-je pris ?
Citez quelqu'action dont mon bonheur rougisse ?
Loyal, j'ai combattu, faisant prompte justice
Du méfait criminel ou de l'inique abus...
La guerre a ses excès, m'y suis-je donc complu.
La pitié n'est en nous qu'après notre vaillance...
Je l'ai senti vingt fois, jusqu'à la défaillance.
Je suis un soldat fier des droits qu'il a conquis,
Mais au vaincu tombé mon respect est acquis.

LAURETTE, méditative.

Si je n'avais connu la bonté de votre âme,
Robert, je vous fuirais.

ROBERT

C'est assez que le blâme
Et trop que le souci ; — sur votre front déjà,
Comme un ennui profond qui longtemps l'assiégea,
Un voile en assombrit la pureté, la grâce...
Votre regard se perd et cherche dans l'espace
Comme si l'avenir devait se dévoiler...

LAURETTE

C'est que mon cœur hésite et veut se rebeller.
(Mouvement de Robert.)
Je vous aime, Robert, mais l'avouant, j'affronte
La colère des miens, — car pour eux c'est la honte
Que d'aimer l'un de ceux qui les ont asservis.

ROBERT

Qui l'osa proférer ?... Je compte que l'avis
Doit être chèrement payé, tel qu'un blasphème...
Il en est près de vous dont la haine est extrême ;
Sur votre cœur naïf, Rupert a dû peser

LAURETTE, avec frayeur.

Mon frère !

ROBERT

Oui, lui seul a pu vous abuser...
J'ai dédaigné déjà ses brutales menaces,
Ses provocants défits. — Ses ardentes audaces
Ont glissé sur mon cœur par le vôtre investi,
Mais l'affront m'est resté.

LAURETTE

Sans prendre son parti,
Gardez-vous d'exciter la haine de mon frère...
J'ai peur... évitez-le puisqu'il vous est contraire...
Parlez-moi hors de lui... Son œil plein de courroux
Me glace... et devant lui, Robert, je crains pour vous.

ROBERT

Suis-je donc criminel de vous aimer, Laurette?

LAURETTE

Non. Mais, il est prudent de m'aimer en cachette.

ROBERT, après une pause.

Eh bien, un entretien dès que viendra la nuit...
Là, sous les croisillons, j'appellerai...

LAURETTE

Sans bruit;
Vous appellerez bas... tout bas, avec mystère...
(Apercevant dame Catherine.)
Mais maman vient à nous; vite, sachons nous taire.

SCÈNE III

LES MÊMES. — DAME CATHERINE

DAME CATHERINE, les examinant l'un l'autre

Mes jouvenceaux, c'est assez d'entretien ;
Que vous êtes-vous dit depuis une heure?

ROBERT ET LAURETTE, ensemble.

Rien.

DAME CATHERINE

C'est bon, rentrez.
(Elle reconduit Laurette, puis revient près de Robert. — A ce moment
le pont-levis s'abaisse et une troupe de gens de guerre y défile.)

DAME CATHERINE à Robert,

Voici nombreuse compagnie?

ROBERT

Oui, c'est, de maraudeurs, une troupe hardie.
(Archers, arbalétriers, chargés de butin. — Deux soldats portent à
l'épaule un mouton lié à un baliveau. — La troupe vient se ras-
sembler dans le préau de la Taverne.)

ROBERT, au chef de l'expédition.

Quelle nouvelle, ami ?

LE CAPITAINE

Sur vos ordres pressants,
Nous avons parcouru les abords de la place,
Fouillé dans les logis, interrogé les gens ;
Nul indice n'a pu nous mettre sur sa trace.

(Robert paraît atterré. — Dame catherine s'approche.)

LE CAPITAINE, continuant.

L'imprudent au dehors
Par la main d'un rebelle aura trouvé la mort.

DAME CATHERINE

Le fils du gouverneur ! (geste de Robert.) Je fus presque sa mère.
O mon Dieu, protégez cette existence chère !...

(Dame Catherine remonte. — Robert sort vivement. — Les
soldats se sont groupés. — Partage du butin.)

LE CAPITAINE, prenant sur la table.

Pour moi les joailleries, l'or et l'étoffe rare...
Et que loyalement le reste on se sépare.

(Après avoir fait son lot.)

Là, ma part de butin,
En revanche, je paie une outre de bon vin,

(Assentiment des soldats. — Dame Catherine et Laurette
apportent des brocs et des gobelets.)

LE CAPITAINE, élevant son hanap.

De nos succès, le vin, est de droit tributaire ;
C'est ce vin généreux — le sang de cette terre
Que le soleil rougit — rouge nous rappelant
Le sang de nos aînés tombés en la foulant.

(Murmures de satisfaction)

UN SOLDAT

Portons à la santé de notre capitaine.

LE CAPITAINE

Compagnons, à la vôtre, à la lutte prochaine.

(A Laurette qui apporte un broc.)

Belle tavernière,
Sans scrupule, puisez dans mon aumônière.

(Il lui présente un collier.)

Pour parer vos attraits, ce bijou précieux...

LAURETTE, avec mépris.

M'offrir votre larcin... un vol!... c'est odieux !

(Murmures des soldats.)

LE CAPITAINE, sans se fâcher.

C'est parler franc.

UN SOLDAT, avec insinuation.

Elle a ce privilège.
Le gouverneur, dit-on, la chérit, la protège.

LE CAPITAINE

Je double la rasade !

SOLDATS, frappant sur les tables.

Du vin, du vin !

LE CAPITAINE, élevant la voix.

Pour nous servir un broc, faut-il sonner tocsin !

(Pendant ce dialogue, on voit passer sous l'arche une barque portant
Grouchy, Salomon et Rupert).

DAME CATHERINE, apportant un broc.

Ah ! celui-là, s'il vous paraît sans charmes,
M'est avis qu'il faudra vous en prendre à vos armes ;
C'est du pur terroir d'Orléans,
Un beau pays que vous n'avez su prendre,
Car Jeanne, des Anglais, le sut toujours défendre.

UN SOLDAT

Oui, par l'embûche de Satan.

AUTRE SOLDAT

On dit que dans la flamme,
Satan, de la relapse en vint emporter l'âme.

LE CAPITAINE

De l'enfer aux abois,
Le Diable réclamait la part de ses exploits.

(Rires.)

DAME CATHERINE, avec admiration.

L'invincible pucelle,
Debout sur le bûcher, insensible à ses maux,
N'abaissait son regard de la voûte éternelle
Que pour sourire à ses bourreaux...

(Rires éclatants des soldats.)

LE CAPITAINE

Contentons-nous de rire
Et laissons cette femme à son aise médire.
Je passe volontiers sur ses plaisants écarts
Et ne veux qu'à son vin accorder des égards.

(Des soldats rient et se groupent sous les tonnelles.)

SCÈNE IV

LES MÊMES. — GROUCHY, SALOMON, RUPERT

(Les trois compagnons viennent occuper la table libre au milieu du
préau.)

GROUCHY

Soyons maîtres de nous, observons en silence.

SALOMON

Rire et boire un bon vin endort la vigilance.

RUPERT, sombre, regardant les soldats.

Leur pied souille le sol où mon père tomba ;
Mais son sang a marqué la place du combat.

GROUCHY, indiquant le pied du rempart.

Ce fut là qu'il mourut.

RUPERT

Le trouble est dans ma tête ;
J'étais jeune... ce fut un combat... une fête...
J'entends des cris... je vois se couvrir ces remparts
D'hommes armés, hurlant !... je vois leurs étendards
S'abaisser, s'élever... j'entends les cris « Victoire ! »
Maudits soient-ils !

SALOMON

Maudite leur mémoire !

RUPERT

Et parmi ces martyrs,
Hélas ! tomba mon père !

GROUCHY

Il tomba sans pâlir,
Là... devant sa maison, et sa voix affaiblie
Cria : Videz mes tonneaux, que la lie
Reste à nos ennemis !

SALOMON

Héroïque fierté !
Ce souvenir poignant en mon cœur est resté.

RUPERT (exaltation).

Mais son sang s'est transmis, mon ardeur est la même ;
Le sort m'a réservé pour ce devoir suprême
De mourir en vengeant mon père et mon pays.

GROUCHY, lui serrant la main.

Comme ton père, enfant, tu n'auras pas failli.
  (Ils s'asseyent à la table. — Dame Catherine paraît et vient à eux
  un broc à la main.)

SCÈNE V

LES MÊMES. — DAME CATHERINE

DAME CATHERINE

Salut aux compagnons. (A Rupert.) Tu reviens de la flotte ?

RUPERT

Oui, mère. — J'ai conduit Salomon le pilote
Qu'une autre mission pour cette nuit attend.

DAME CATHERINE

Reposez-vous... buvez... Voici vin excellent.
(Elle rentre à la taverne. — A peine les trois compagnons sont-ils
attablés, qu'un soldat se détache et vient à eux.)

LE SOLDAT

Depuis quand les Français s'attablent-ils ensemble ?

RUPERT, se levant vivement.

Depuis qu'un homme est homme et te vaut, ce me semble.

AUTRE SOLDAT, s'approchant.

C'est par trop d'arrogance... il faut le châtier.

1ᵉʳ SOLDAT, saisissant le cruchon que tient Rupert.

A moins de nous céder ce bon vin — d'amitié.
(D'autres soldats les entourent.)

GROUCHY

C'est une facile victoire.

LE SOLDAT, tenant le cruchon qu'il dispute.

A leur santé, amis ; mordieu ! nous allons boire.

RUPERT, arrache le broc des mains du soldat et le lance au loin.

LES SOLDATS

Une gourmade, sus !

AUTRES SOLDATS

Sus ! sus ! au rejeton.

LE CAPITAINE, *intervenant.*

Au baliveau, mordieu !... Déliez ce mouton :
Nous verrons si ce loup y fera bonne mine.

DAME CATHERINE, *accourant, un broc levé.*

Mon fils !... N'y touchez pas, ou je vous extermine !

LAURETTE, *accourant — se plaçant devant Rupert.*

C'est mon frère !... Osez donc ?

DAME CATHERINE

                  Chez nous, il a ce droit
D'être au moins votre égal.

LE CAPITAINE

                  Le respect on vous doit...
Mais comme vous jugez à votre honneur l'offense,
Nous passerons, d'accord, un trait sur la dépense.

(Rire des soldats. — Pendant cette scène deux officiers ont paru au fond. Un soldat signalant leur présence au capitaine.)

Deux officiers sont là, de la garde d'honneur.

LE CAPITAINE, *à ses hommes.*

En ordre, fantassins... ronde du gouverneur.

(Les soldats se reforment en troupe et sortent par la gauche. — Les trois compagnons rentrent dans la taverne.)

SCÈNE VI

Le gouverneur VINOIS. (Il paraît à l'angle du rempart qu'il vient de parcourir ; il en descend les degrés et arrive sur la scène. — Les deux officiers s'éloignent.)

VINOIS, sombre, préoccupé.

Un trouble impérieux me poursuit et m'obsède ;
Rien ne peut le chasser... fatal pressentiment.
Suis-je un homme maudit... Es-tu le châtiment !...
L'esprit combat mon âme, et mon âme lui cède.

. . . .

Pauvre esprit timoré ! une voix semble dire :
L'ambition, l'orgueil ont seuls armé ton bras...
L'orgueil ! Oh ! non, mon Dieu !... la rage, le délire.
Roi, prince, courtisans, pour moi furent ingrats...
Mon crime est là, fatal. Pardonne, ô Dieu qu'on prie,
Car ma main sacrilège a frappé l'innocent...
J'ai conduit l'étranger vainqueur dans ma patrie...
Je chancelle, étourdi du remords incessant...

(Il reste immobile le front courbé. — Paraissent au fond un officier et deux soldats traînant Vitanval qui résiste ; — ils le frappent. — Vitanval a le visage meurtri ; ses vêtements souillés de boue, le manteau en lambeaux. — A l'approche du bruit des soldats entraînant Vitanval, Vinois se retourne, mû comme par un frisson d'effroi.)

SCÈNE VII

VINOIS, VITANVAL, UN OFFICIER, DEUX SOLDATS

L'OFFICIER, à Vinois.

Messire, devant vous j'amène
Un vieillard vagabond à la parole hautaine ;
Il rôdait sous ces murs dans un dessein suspect.

VINOIS

Tu portes haut le front, et ce honteux aspect
Cache la trahison... Qu'est-tu ? Qu'exiges-tu ?

VITANVAL

De ta justice rien... Et je me serais tû ;
Mais, terrassé, frappé, sans pitié pour mon âge,
Mes traits meurtris sauront déguiser mon visage...
. . . .
Est-ce toi qui commandes à tant de lâcheté ?

> (A cette insulte, Vinois porte la main à sa dague, mais réprime le
> mouvement. — Sur un signe, les gardes s'éloignent.)

VINOIS

La folie a toujours droit à l'impunité...
. . . .
J'ai préservé tes jours ; je ne sais quelle image.
Vient frapper ma mémoire... et plus je t'envisage...
Ce défi provocant... cet outrageux regard !...

VITANVAL

Devrait percer ton cœur comme fait un poignard !...
. . . .
Vinois... dans d'autres camps j'appris à te connaître ;
Jeunes, nobles tous deux, Charles fut notre maître ;
Transfuge d'un parti qui froissa ton orgueil,
Dans le camp des Anglais tu trouvas un accueil,
Et, renégat sans honte et sans inquiétude,
La trahison t'a fait grand par la servitude.

VINOIS

Ces reproches sanglants ! parle... dis — cette voix ?

VITANVAL, ouvrant son manteau.

Regarde ce blason, le connais-tu, Vinois ?

VINOIS

Oh ! fol égarement ! toi ! quel but ? qui t'amène ?...

VITANVAL

Je viens braver ta vengeance et ta haine.
Mais sache, me frappant, que tu frappes ton fils.

VINOIS, avec angoisse.

Mon fils est en vos mains ! rends-moi, rends-moi mon fils !
Oh ! qu'il ne tombe pas un cheveu de sa tête !

VITANVAL

Commande mon supplice et que rien ne t'arrête.

VINOIS

Oses-tu, me bravant !...
Cruel, rends-moi mon fils !... rends-moi mon fils vivant...
Tu frappes l'innocent ; ta vindicte est un crime.

VITANVAL

Je venge mon pays de celui qui l'opprime.

VINOIS

Mais sauve cet enfant !... j'en appelle à ton cœur ;
Ne vois en moi qu'un père... abaisse ta rigueur ;
Ne souille pas d'un meurtre inutile et farouche
Les droits que tu défends ! Veux-tu que de ma bouche
Tombe un serment sacré devant Dieu m'appelant :
J'accorderai la grâce aux tiens se rebellant...

VITANVAL

Expieras-tu les maux qu'a faits l'œuvre de guerre ?
Rendras-tu la puissance au pays où naguère
Ensemble nos aïeux ont brillé par l'honneur ?
Toi, que tous ces forfaits dont je ressens l'horreur
Ont fait le nom maudit, la mémoire avilie !...
Et pour un seul des tiens, tu voudrais que j'oublie !

VINOIS

Mon fils ! rends-moi mon fils !... Épargne l'innocent...
Toi qui flétris le crime, exècre le puissant.
A l'outrage, à l'affront j'oppose une prière :
Rends-moi mon fils !

VITANVAL

Seul intermédiaire,
Dieu seul peut le sauver.

(Vinois reste accablé. — Vitanval va serrer la main de ses compagnons, qui ont paru sur le seuil de la taverne. — Entrée de Robert suivi de nombreux soldats. Dame Catherine, Laurette, tous au fond.)

SCÈNE VIII

TOUS LES PRÉCÉDENTS

Robert, une missive à la main, s'approche.

ROBERT

Messire, un précieux message,
Des rebelles unis indiquant le passage,
Est tombé dans nos mains.

(Vinois prend la missive; à mesure qu'il parcourt, sa puissance d'énergie reparaît.)

VINOIS, réagissant contre sa douleur.

Abîme de la mort !
Impérieux désir, sois mon dernier transport !

(Il tire son épée et passe devant ses soldats formés en demi-cercle. — Harangue.)

Compagnons, contre nous le pays se soulève.
Lecarnier les conduit. Ces ennemis sans trêve,
Enhardis par leur chef plus que par le succès,
S'avancent contre nous !

SOLDATS

Hourrah ! nous sommes prêts.

VINOIS

Soldats, de votre roi très puissant, vous fidèles,
Vainement devant vous se dressent les rebelles ;
Fiers de vos droits acquis, vous saurez maintenir
Du noble nom anglais l'inaltérable gloire.

SOLDATS

Tous nous saurons la soutenir.

AUTRES SOLDATS

Conduisez-nous à la victoire.

VINOIS

De l'héroïsme anglais sont tracés les chemins.
Sur les flots, dans leurs camps, défiant leur audace,
Vingt fois vous les avez en face
Couchés, vaincus de vos puissantes mains
Étes-vous prêts?

SOLDATS

Nous sommes prêts.

VINOIS

Devançant leur menace
Que Dieu nous garde en ses décrets.
Demain vous les verrez en face.

SOLDATS

Hourrah! Hourrah!

TABLEAU

LES OUBLIETTES DE VITANVAL

Une voûte basse séparée par deux arceaux. — Au fond, dans l'obscurité, à
gauche, une forme blanche repliée sur elle-même. C'est Éva inanimée.
A droite, plus à la rampe, René endormi sur une large dalle de pierre.
Une lueur éclaire graduellement le souterrain. Un chapelain y pénètre diffici-
lement ; sa marche entravée par les pierres détachées de la paroi. — Il
accroche sa torche de résine dans un anneau à la muraille et s'approche
d'Éva.

SCÈNE PREMIÈRE

LE CHAPELAIN, ÉVA, RENÉ, endormi.

LE CHAPELAIN

Enfant, qu'une coupable erreur
A ravie aux joies de la terre,
J'ai fléchi le courroux d'un père,
Ton âme appartient au Seigneur.

ÉVA, avec effort se soulevant.

Que le Seigneur prenne mon âme.

LE CHAPELAIN

Le Seigneur veut le repentir ;
Confesse ton impure flamme
Et ma main pourra te bénir.

ÉVA

O laissez-moi mourir !

LE CHAPELAIN

Pour que ton âme aux cieux remonte !
Le Seigneur veut le repentir.

ÉVA

O laissez-moi mourir !
Mon cœur est sans regret et mon front est sans honte.

LE CHAPELAIN, agenouillé.

Confesse-toi, prions ;
Acte sacré, baume de nos afflictions...
. . . .
L'épreuve est pour la vie, et la vie est mortelle.
Un monde meilleur nous attend ;
Un monde où pour notre âme est la vie immortelle.
Clémence du Seigneur offerte au pénitent,
Accueille Dieu, ta destinée
S'accomplit, ton âme enchaînée
Va fuir les mortelles douleurs.
Sur l'ingrat oublieux, Dieu suspend ses rigueurs.

ÉVA

J'ai parjuré, j'expie, hélas ! mon crime.
(Elle se lève et marche. — Égarement graduel.)
Mais lui, René, René !... l'innocente victime ;
Au plus profond de ces affreux cachots
Ont-il jeté ton corps, étouffé tes sanglots !...
O cruels qui m'avez arrachée à la vie !...
Tortures de l'oubli... Mon âme poursuivie
T'appelle, ô mon amant !... Que m'importe l'horreur ;
Près de toi, j'attendrai... La mort est sans terreur ;
Je la veux dans tes bras... O dernière caresse,
Dans tes bras adorés, c'est la mort dans l'ivresse !

LE CHAPELAIN

Éva ?

(Il veut la retenir ; elle s'arrache de ses mains et poursuit l'ombre de
son amant.)

ÉVA

René ! René ! dans la profonde nuit
Je vois errer ta douce image ..
Ces blonds cheveux flottants. . ces regards, oh, c'est lui !
Parle mon adoré, parle, ton doux langage !
Dis à mon cœur que l'angoisse déchire,
Dis la douleur, dis ton martyre (Elle croit l'atteindre).
Ne me fuis pas... pourquoi t'échapper de mes mains ;
Viens, le ciel est pour nous, loin de ces inhumains.
Je souffre loin de toi... René ? vois, ma souffrance
N'affaiblit que mon corps sans briser ma constance ;
Viens, René ?... dans mes bras, viens attendre la mort,
Expirons enlacés sans le sombre remords,
Je te veux ! viens... Tu fuis ! (cri) Ingrat ! Oh ! de mes yeux
Tout s'efface !... (Elle tombe inanimée.)

LE CHAPELAIN

Délire affreux,
Passion qui dévore,
Impérieux trouble des sens,
Ton feu profane encore
Ses regards expirants.
(Il s'agenouille près d'Éva et prie.)

SCÈNE II

RENÉ s'éveille, — se soulève lentement.

Un paisible sommeil a fermé ma paupière,
Un rêve radieux a caressé mes sens.
J'ai prié le Seigneur et ma sainte prière
A calmé ma douleur, apaisé mes accents ;
Mon âme est allégée... hors de l'horreur profonde,
Elle s'échappe et vers l'éternel monde,
Au pied du trône éblouissant,
Adore le Seigneur, au juste bienfaisant.

O justice de Dieu !... justice souveraine,
Sentence d'équité, des innocents la foi,
Ma vie au sacrifice est offerte, sereine,
Exempte de regrets à l'inflexible loi

. . . .

       O mort ! ne tarde pas,
       A toi je m'abandonne.
       L'innocent qui pardonne
       Ne te redoute pas.
    D'un souffle plonge dans l'oubli
    Mon corps chancelant affaibli.
  D'Éva, là-haut la voix m'appelle ;
Joins-nous, Seigneur, dans la vie éternelle !

              (Il retombe sur la couche de pierre.)

LE CHAPELAIN, penché sur Éva.

Son corps s'est agité, ses lèvres ont frémi.
. . . .
Elle prie. — En la foi son cœur s'est raffermi

           (La soulevant légèrement.)

Aux terrestres regrets, enfant, fais violence ;
Vois le ciel...

ÉVA, se ranimant.

    C'est vers toi que mon âme s'élance
O René ! mon amant ! Pourquoi ne viens-tu pas
Partager mon amour, partager mon trépas !...

LE CHAPELAIN

    O fragile nature,
    Mon pouvoir inspiré
    N'arrache qu'un murmure
    A son cœur altéré.

  (Il repose doucement Éva, et debout développe son étole.)

Leur âme va quitter leur esprit en démence,
Seigneur, sur ces enfants j'appelle ta clémence.

              (Il revêt l'étole.)

Avant que le froid du tombeau
Ne tarisse leurs tristes larmes
Qu'ils soient unis, — qu'au saint flambeau,
Purifiés, contrits, s'effacent leurs alarmes.
Achevez, divins sacrements...
Sanctifiez le cours de leurs derniers moments.

ÉVA, se soulevant avec effroi.

Sous cette voûte, affaiblie,
Loin du monde ensevelie
Je succombe et vais mourir.

(Avec une force d'exaltation.)

René !... Pour toi mon dernier soupir.

RENÉ, qui a perçu la voix, debout, élevant la voix.

O pure fiancée,
Est-ce ta voix ?... réponds ! n'est-ce que ma pensée ?

ÉVA

Je succombe et vais mourir,
A toi mon dernier soupir...

RENÉ, avec force, cherchant une issue.

Pour être près de toi, nul péril que j'affronte.
(appel) Éva ?...

ÉVA répond.

René !... hâte-toi, la mort est prompte.

RENÉ sonde les murs, des pierres se détachent, il en prend
une et frappe violemment la paroi.

Antre des morts !
Que l'oubli va couvrir, seconde mes efforts.
O murs inattendris, que contre vous se brise
Mon front !... croule paroi !... croule donc, martyrise
Mon cœur !... étouffe son angoisse ! Oh heurt brutal !...
Broie, écrase mon corps ! mur inhumain, fatal !

LE CHAPELAIN, penché sur Éva.

Sa voix s'éteint... déjà sur son visage
Une froide pâleur s'étend.

(Il décroche la torche, et va au fond. — Par le passage qu'il découvre,
la lueur pénètre dans le cachot de René.)

RENÉ, avec transport.

Rayons inespérés êtes-vous un message
Du ciel ?...

LE CHAPELAIN, à René.

René, ta fiancée attend.

RENÉ, agenouillé près d'Éva.

Mourante ! ô désespoir !... amante virginale,
Dans un dernier baiser que mon âme s'exhale
Sur tes lèvres glacées ; reçois, gage d'amour,
Ce serment qui nous lie en l'éternel séjour.

(Il baise au front Éva. — Au chapelain.)

Prêtre, ta mission t'impose la clémence.
Va porter aux cruels l'absout de leur sentence.

LE CHAPELAIN

Dieu seul dispose de nos jours,
Mais si, bravant l'effort d'une marche insensée,
Tu tentes de franchir ces horribles détours,
Obéis !... Dans ta main prends cette main glacée
Prie... incline ton front : ma voix
Vous unit par les saintes lois.

(Il impose ses mains et bénit leur union.)

RENÉ

O mon épouse bien-aimée...
Notre réveil est dans les cieux.

LE CHAPELAIN, baissé sur Éva.

Vivante encore... mais inanimée.
Ton bras peut la ravir à ces horribles lieux.
Suis mes pas.

(René enlève Éva dans ses bras ;
le chapelain les guide.)

TROISIÈME ACTE

REPRISE D'HARFLEUR. — LES 104.

Même décor qu'au deuxième acte, mais plan de droite plus développé.
A la fin du tableau, à mesure que l'incendie grandit on distingue la silhouette
des vaisseaux anglais ancrés dans la baie.
Nuit complète. — Une ronde de soldats descend du rempart, après avoir
placé à l'angle une sentinelle. La ronde contourne la taverne et s'éloigne.
Robert paraît au fond, se porte vers la sentinelle qui sur son ordre s'écarte.
Il descend la courtine et reste posté à l'angle du rempart. Il tient dans
ses mains une échelle de soie que, tout en parlant, il attache au mur du
bastion.

SCÈNE PREMIÈRE

ROBERT

René n'est plus. Coupable complaisance,
Qui de son fol amour a nourri l'espérance.
J'ai servi ses projets; hors des murs, chaque nuit,
Mon imprudente main l'a guidé, l'a conduit.
Pouvais-je résister à l'ardeur de sa flamme ?
Cet amour insensé qui dévorait son âme !...
Mon refus à ses vœux l'eût brisé de douleur
Et j'ai, funeste ami, préparé son malheur.

(Il développe l'échelle de soie.)

Ami ?... dernier espoir... que l'invisible voie,
Assure ton salut (il lance l'échelle)... et que je te revoie !...

(Il vient en scène.)

Et demain le combat... je gémis de ta mort.
Qui sait, peut-être, aussi, demain j'aurais ton sort...
Allons, à nos amours !...

(Il appelle sous le balcon de bois.)

Laurette ? ma Laurette ?

SCÈNE II

ROBERT, puis LAURETTE sur le balcon.

LAURETTE

Qui m'appelle ?... Robert, est-ce vous ?

ROBERT

Oui, je guette...
L'heure est si propice à nos rendez-vous !

LAURETTE

La nuit est si sombre...
Je n'ose... et ne dois...
A peine dans l'ombre
Je vous aperçois.

ROBERT

Que fait la nuit sombre,
Mon cœur est constant,
Nous pourrons rêver,
Rêver sans encombre.
Quand on s'aime tant,
On doit tout braver.

LAURETTE

C'est que dans la nuit
Ma mère s'éveille
Et prête l'oreille
Au plus léger bruit.

ROBERT

Ma peine est extrême,
Malgré mes aveux
Le sort me poursuit.
Adieu !... Tu ne m'aimes
Hélas ! à mes vœux
Tout échappe et fuit.

(Il s'éloigne de quelques pas.

LAURETTE

Robert ?... Calmez-vous, je me rends sans crainte

ROBERT, revenant.

Viens... Puis-je tromper le choix de mon cœur.
(Laurette descend avec précaution ; Robert lui prend la main.)

ROBERT

Quand on est sans feinte,
Crois qu'on peut aimer sans froisser l'honneur.

LAURETTE

La nuit est si sombre...

ROBERT, l'enlaçant.

Nous pourrons rêver,
Rêver sans encombre ;
Notre âge est d'aimer.
(On les voit disparaître sur le chemin de ronde.)

SCÈNE III

A peine les deux amoureux se sont-ils éloignés que Vitanval, Grouchy et Rupert sortent de la taverne. Rupert, prudemment, examine les abords.

VITANVAL

Belle nuit !

GROUCHY

Nuit calme, obscure, à nos projets propice.

RUPERT, avec exaltation.

O nuit ! ô sombre nuit !... généreuse complice ;
Dussé-je ne revoir jamais l'éclat des jours,
Impatient, j'attends, précipite ton cours.

VITANVAL

Des pas... écoutez... qui s'avance !...

GROUCHY, aux conjurés qui paraissent.

Frères, le mot sacré ?...

CONJURÉS

Harfleur !... et délivrance !
(On se passe des haches, des piques.)

GROUCHY

Pour le dernier combat nos bras se sont armés.
Frères ! plutôt mourir que vivre en opprimés !

RUPERT, avec feu.

Mourir ! qu'importe le présage,
Nul frisson n'est en moi... Je sens à mon visage
Monter et se répandre une vive chaleur.

GROUCHY

C'est le courage, c'est l'ardeur !
... O noble frisson des batailles !

RUPERT

O jour sanglant des représailles !

VITANVAL, au milieu, posant la main sur leurs épaules.

Appui fraternel et sacré !

RUPERT

Mon cœur de carnage altéré
T'appelle, ô fureur vengeresse,
Verse en mon cœur un courage indompté.
Vengeance est un cri d'allégresse :
La mort ou bien la liberté !...
(Une légère flamme jaillit dans le lointain.)

GROUCHY, la montrant aux conjurés.

L'étincelle a jailli, frères, comme des ombres,
Prudents, répandez-vous dans les ruelles sombres.

(Ils se dispersent)

SCÈNE IV

ROBERT, LAURETTE

LAURETTE

Robert, laissez-moi.

ROBERT

Déjà, ma Laurette ;
Tu te déplais donc à mes doux propos.

LAURETTE

Non, mais, je ne sais, sur notre amourette
Plane un noir souci troublant mon repos ;
J'ai peur, ce silence est plein d'épouvante ;
Robert, laissez-moi.

ROBERT

Ton esprit invente
De vaines terreurs ; — jamais nuit ne fut
Plus chère à mes vœux ; — d'où vient ton refus ?
Serait-ce d'aimer ? Ta peine secrète,
C'est l'amour trompeur, l'amour qu'on regrette.
Le volage ami, ce cœur méprisant,
Sitôt captés, fuit les dons séduisants ;
Mais le pur amour, celui qui m'enflamme,
Qui fait de nous deux comme une seule âme,
Doit durer toujours.

LAURETTE

Robert, laissez-moi.

ROBERT

Déjà nous quitter... Pourquoi cet émoi.

LAURETTE

Laissez-moi, Robert... votre main me presse...

ROBERT, la pressant,

D'amour, de tendresse...

(Gémissement.)

LAURETTE

Écoutez !... ce bruit...

ROBERT

Quel bruit ?

LAURETTE

C'est un bruit léger...
C'est comme une plainte.

ROBERT

Un bruit mensonger,
Enfant... c'est la crainte.

(Il l'embrasse. — Second gémissement.)

LAURETTE, le repoussant.

Écoutez encor !... j'ai vu se mouvoir
Une ombre, ici près...

ROBERT, riant.

Où la concevoir...
Adieu, ma Laurette, adieu, qu'un doux rêve
Moins terrifiant achève ta nuit.

(Il la reconduit.)

LAURETTE, laissant prendre un dernier baiser.

Que la nuit s'achève
Sans guerre et sans bruit.

(Elle s'échappe.
Robert, après être resté un instant sous le balcon, revient au)
premier plan où la lueur de l'incendie se projette.

ROBERT

D'un sinistre fléau, c'est là le disque immense...
Il s'étend, il grandit... la flamme au ciel s'élance.

(Il sort vivement après le cri des sentinelles. — Cri des
sentinelles se répercutant.)

Sentinelles, veillez !...

SCÈNE V

Une forme indécise, apparaît. — C'est René suspendu à l'échelle de
soie, portant Éva insensible. Avec des efforts désespérés, il atteint
la crête du rempart.

La force me trahit... épuisé, je succombe...
La terre de salut sera-t-elle sa tombe ?...

(Il la dépose sur le parapet.)

.... Sa main glace mes mains.
Oh! pour l'éternité ses beaux yeux sont éteints !

(Il tombe épuisé près d'Éva — puis jette ce cri.)

Je meurs... à moi ! Robert, ami sûr et fidèle !...
A moi ! secourez-nous, anglaise sentinelle !...
... Nulle voix ne répond.
Ma plainte, hélas ! se perd dans le calme profond.

(Il s'affaisse inanimé près d'Éva.)

SCÈNE VI

VINOIS, RENÉ et ÉVA, évanouie.

VINOIS, sa marche est chancelante et rapide.

Le calme de la nuit importune mon âme,
Et je marche, insensé, sans diriger mes pas...
   Mon fils! mon fils! Oh! de leur rage infâme
   As-tu subi les cruels attentats!...
. . . .

(Il étend la main, écoute).

Rien... rien qu'un bruit lointain, c'est le flot sur la rive.
   ... Mon cœur recommence à gémir.

RENÉ, faiblement.

Secourez-nous...

VINOIS, qui a perçu la voix, sans le voir.

         Est-ce ta voix plaintive!
N'est-ce dans mon cœur que l'écho d'un soupir.

RENÉ, faiblement.

O douleur! O détresse!

VINOIS, cri.

Mon fils!
(Il cherche et l'aperçoit dans l'ombre.)
   Ange de ma tendresse!

Ranime ton regard de douleur abîmé ;
Je renais à la vie, ô mon fils bien-aimé.

(Il s'agenouille et tente de le ranimer.)

TABLEAU. — L'incendie se développe et éclaire la scène. — Des soldats couronnent le parapet du rempart. — Par intervalles, le canon d'alarme des vaisseaux retentit. — Au fond, à la porte de la taverne, dame Catherine, Laurette, femmes et conjurés. — Vitanval s'avance du côté où l'ombre cache encore Vinois, son fils et Éva, mais il se retire au fond à l'approche de Robert suivi de soldats.

SCÈNE VII

Vinois s'est subitement relevé et fait quelques pas, laissant dans l'ombre Éva et René que l'obscurité protège des regards.

ROBERT, au Gouverneur.

Par le tocsin, par le canon d'alarme,
Les nôtres font appel au secours de nos bras.

VINOIS

Volez à leurs secours. — J'accompagne vos pas...
Mais la trahison veille ; enfants, prenez vos armes.

(Sortie générale des soldats qui défilent par le pont-levis. — Les conjurés, par gestes, indiquent les points à occuper. — Dame Catherine, Laurette sont rentrées. — Vitanval seul reste au fond.)

VINOIS, à son fils qui soulève et soutient Éva.

Cette enfant près de toi, parle ?

RENÉ

Éva ?

ÉVA, avec égarement.

Qui m'appelle ?...

RENÉ, avec tendresse.

Mon amour.

ÉVA, le repoussant.

Passion criminelle !...
Oh ! quelle main osa m'arracher du tombeau.
J'ai trahi tous les miens, je deviens leur bourreau !

RENÉ

Entends ma voix, espère !

ÉVA, affolée, sa chevelure l'inonde.

Parjure ! parricide !

VITANVAL, surgissant.

Opprobre de ton père !
Le prêtre qui t'ouvrit le funèbre séjour
A retardé ta vie et la mienne d'un jour.

VINOIS

Que dit-il ?

VITANVAL

Oui, peut-être bientôt dans l'ardente mêlée
Mon corps sera gisant ; mais toi, triste, affolée,
Impuisante à ton tour à sauver ton amant
Qu'un fer vengeur aura frappé dans un moment,
Tu fuiras éperdue ! — Imprudente victime,
Traînant dans l'avenir ton remords et ton crime,
Tu plieras sous le faix de ton indignité...

VINOIS

Tais-toi, maudit ! vois ma félicité ;
Ces enfants que ta bouche insulte, je les aime ;
J'écarte de leur front ton indigne anathème,
Et ma main les unit.
(Le tocsin reprend.)

VITANVAL

Ironie !
Entends-tu ?... le tocsin sonne ton agonie...
Vois, la rouge lueur embrase l'horizon.

RENÉ

C'est l'horrible signal, l'infâme trahison.

(Cris et bruits de combat au dehors. — Un groupe de conjurés,
ayant Grouchy et Rupert en tête, attaque les gardes du pont-levis.
— Combats. — Des fuyards viennent se rallier aux côtés du Gouverneur.)

VINOIS

Ces cris, ces clameurs au dehors des murailles...

VITANVAL, qui s'est armé.

C'est le cri des mourants, l'heure des représailles !

VINOIS

A mes côtés, soldats ! à moi ! ralliez-vous !

VITANVAL, l'épée à la main.

Sur notre sol aimé, Français, à moi ! debout !

(Une partie des conjurés restée dans la ville cernent Vinois et ses
défenseurs. — Bruit de combat, au dehors et à la porte de la ville
ouverte aux troupes de Lecarnier.)

VINOIS, l'épée à la main, voulant se frayer un passage.

Soldats, ne tombons pas lâchement en victimes.

VITANVAL, lui barrant le chemin.

Rends-toi, Vinois! Tes ennemis sont magnanimes

(Ils croisent l'épée.)
(Cris au dehors. — Le combat devient général. René et Éva sont
enveloppés, mais protégés par dame Catherine, Laurette et d'autres
femmes. — Au cri des conjurés: « Hardeur et Délivrance », les
femmes répondent: « Pitié! Clémence! » — Aux premières passes
du combat entre Vitanval et Vinois, l'épée de ce dernier se brise.)

VINOIS, s'offrant à son ennemi.

Ce fer a pu tromper mon bras...
Frappe! la mort ne m'épouvante pas.

VITANVAL

Rends-toi, l'opprobre d'une chaîne
Est pour le traître à son pays.

VINOIS, tirant sa dague.

Oh! ta haine,
Implacable ennemi!... j'attends, viens me frapper...

VITANVAL

La honte et non la mort... tu n'y peux échapper.

VINOIS

Oh! ma patrie!
O puissance! orgueil! folie!

(Il se frappe de sa dague et tombe dans les bras de son fils épouvanté. — Les soldats anglais jettent leurs épées aux pieds des
vainqueurs. Le combat a cessé. — Entrée des seigneurs de la Cour
de France, suivis des Cauchois. Au milieu d'eux, Lecarnier et
Rupert paraissent, soutenant Grouchy blessé mortellement.)

TABLEAU. — La lueur de l'incendie éclaire la ville. Tous les personnages se massent sur la scène. — Vitanval se porte au-devant
de Grouchy, lui serre la main, maîtrisant sa douleur.

GROUCHY, soutenu par ses deux compagnons d'armes.

Au jour sanglant des représailles
Nos bras vengeurs se sont levés...
Allégresse ! chant des batailles,
Vers l'éternel montez !

(Il faiblit et achève par saccades.)

Peuples, guerriers, nous sommes frères,
Mélons toujours nos rangs dans les combats ;
Sol abreuvé par le sang de nos pères,
Salut ! pour toi je meurs !... glorieux trépas !...

(Il meurt.)

IMPRIMERIE A.-G. LEMALE. HAVRE